Secret Coffee Recipe

2011 한국바리스타챔피언십 창작커피메뉴

이이비라인

시크릿 카페 해피

아이바리노 출판팀 엮음

발행	1판 1쇄 2012년 3월 30일 | 1판 2쇄 2013년 11월 4일
펴낸이	김영철
펴낸곳	아이바리노
마케팅	배국주 (㈜공영피피에스앤씨)
주소	(140-801) 서울시 용산구 청파동 1가 18번지
자료제공	사단법인 한국커피협회 제311-2003-000049호
출판등록	2001년 12월 27일
홈페이지	www.coffeero.com
팩스	(02)388-9880
전화	(02)388-5061
ISBN	978-89-93461-17-6 13590

이 도서의 국립중앙도서관 출판시도서목록(CIP)은 e-CIP홈페이지
(http://www.nl.go.kr/ecip)와 국가자료공동목록시스템(http://www.nl.go.kr/kolisnet)에서 이용하실 수 있습니다.(CIP제어번호 : CIP2012001274)

Prologue

대한민국 바리스타라면 누구나 한번쯤 꿈꾸는 무대, 한국바리스타챔피언십(Korea Barista Championship)이 어느덧 10회째를 맞이했습니다. '바리스타'라는 말 자체가 낯설게 느껴지던 2003년, 우리나라에서 처음으로 열린 바리스타 공식 경연대회. 그동안 총 874명의 바리스타들이 챔피언이 되기 위해 빛나는 경연을 펼쳤고, 단 10명에게만 우승의 영예가 주어졌습니다.

치열한 예선을 통과해 본선에 진출한 바리스타 24인은 최고의 시연을 선보이기 위해 똑같은 동작을 수십 번도 넘게 연습해왔다고 합니다. 아마 그들에게 KBC는 오랜 시간 바리스타로서 흘린 땀과 눈물이 결실을 맺는 순간이겠지요.
특히 창작커피메뉴에는 그들의 끝없는 고민과 갈등이, 또 새로운 커피에 대한 순수한 열정이 담겨 있습니다. 커피와 고객을 생각하는 바리스타 한명 한명의 따뜻한 마음과 섬세한 배려도 함께 추출되어 있습니다.

지나온 10년을 기념해 2011 KBC 본선 진출 24인의 창작커피메뉴 레시피를 엮었습니다. 그동안 궁금했던 바리스타들의 숨겨진 이야기와 서울카페쇼에서만 볼 수 있었던 빛나는 아이디어들을 책으로 만나는 건 정말 즐거운 일이 될 것입니다.

좋은 커피, 적절한 머신을 선택하고 완벽하게 활용할 줄 아는 커피 전문가를 일컬어 바리스타라고 합니다. 그렇다면 커피와 머신을 잘 안다고 훌륭한 바리스타라고 할 수 있을까요. 완벽한 에스프레소를 추출하는 것 이상으로 중요한 능력은 고객에게 최대한의 만족감을 선사하고 교감하는 것입니다. 2011 KBC 본선 진출 24인 역시 고객과 만나는 그 순간을 그리며 커피 한 잔을 내립니다. KBC의 순간을 함께하지 못해 아쉬웠던 분들과 커피를 사랑하는 모든 이들과 이 책의 향기를 나누고 싶습니다.

Secret Coffee Recipe

Contents

01 Fresh

Golden Blended_바공욘 008
Cafe Tropical_이나케 010
Harmony_감수정 012
Giallo Sole_강정향 014
Caffè Arcovaleno_김리웅 016
시트러스 허니 차이_심재훈
탐붕향 세레나데_이사나 018

02 Oriental

기배 프둥_珈琲 _이소영 022
수풀기 삶_김민희 024
Soy A Cappella_이채형 026
Fall in Love_안종식 028
세 가지 빛_김수정 030
상기_스구기_加非咖啡_윤수진 032

03 Romantic

Fall in Love_강짓이 036
Espresso Holic_장해민 038
Almond Madre_고귐지 040
Caffè Present_손등혜 042
La Vie en Rose_송인설 044
Cherry Blossom_김수현 046

04 Sweet

Kiwi et Cafe_고유리 050
Soda Blupresso_조성민 052
나는 슈가르_김지민 054
Caramel of Caramel_백인정 056
Full Espresso_봉공해 058
Espresso Plus_강정봉 060

How to Read

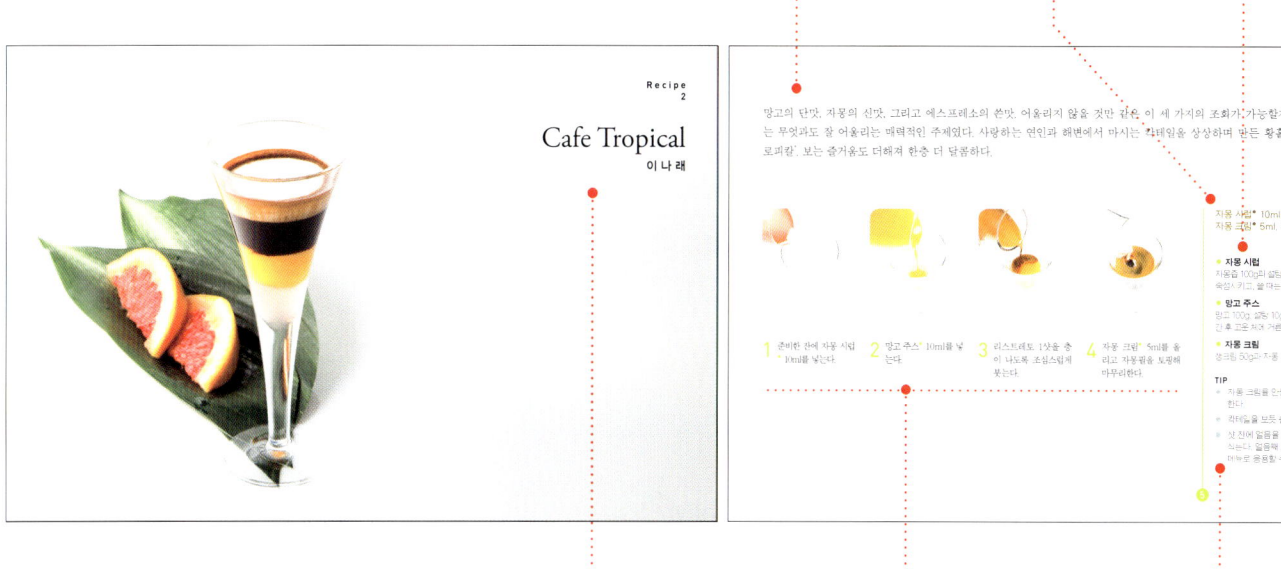

○ 창작메뉴에 얽힌 비하인드 스토리를 담았습니다.

○ 창작메뉴의 핵심, 참신하고 개성 넘치는 재료입니다.

○ 시럽이나 크림 등 부재료는 과정 사진을 생략했지만 만드는 법을 꼼꼼하게 적었습니다.

○ 창작메뉴를 만든 그 주인공과 톡톡 튀는 창작메뉴의 이름입니다.

○ 만드는 법을 상세하게 설명했습니다. 과정 사진을 보면서 천천히 따라해보세요.

○ 더 맛있게 마시는 법과 만들 때의 주의사항 등 알짜배기 팁을 알려드립니다.

10

Fresh

Golden Blended

밀크 쉐이크

Recipe 01

정신없이 카페 일을 마감하고 바쁜 하루가 끝나면 시계는 어김없이 새벽 두 시를 가리키고 있다. 모두가 잠든 시간, 대회 준비에 여념 없던 내 눈에 들어온 메뉴판의 요거트란 글자. 생각나는 대로 창작메뉴를 만들기 시작했다. 요거트의 깊은 맛을 살리기 위해 요플레를 활용하고 초코칩과 원두는 그대로 갈아 넣었다. 부드러운 요거트에 초콜릿과 원두가 씹을수록 입안을 화사하게 맴도는 '골든 블렌디드'. 그 시원한 목넘김에 지친 일상마저 상쾌하고 즐거워진다.

플레인 요거트 75g, 요거트파우더 60g, 원두 15알, 초코칩 10g, 바닐라 시럽 15g, 우유 120g, 얼음 10개, 리스트레토 2샷

TIP
- 스푼으로 40번 이상 충분히 저은 후 마신다.
- 에스프레소를 안 넣어도 그 자체로 맛있다. 그럴 경우 블렌더에 갈 때는 원두를 빼는 편이 낫다.

1 블렌더에 플레인 요거트 75g, 요거트파우더 60g, 원두 15알, 초코칩 10g, 바닐라 시럽 15g, 우유 120g, 얼음 10개를 넣고 갈아준다.

2 준비한 잔에 ①을 모두 담는다.

3 리스트레토 2샷을 넣는다.

Café Tropical

이 가 쓰

Recipe 2

망고의 단맛, 자몽의 신맛, 그리고 에스프레소의 쓴맛. 어울리지 않을 것만 같은 이 세 가지의 조화가 가능할지 궁금했다. 하지만 커피는 무엇과도 잘 어울리는 매력적인 주제였다. 사랑하는 연인과 해변에서 마시는 칵테일을 상상하며 만든 황홀하고 아름다운 '카페 트로피칼'. 보는 즐거움도 더해져 한층 더 달콤하다.

1 준비한 잔에 자몽 시럽* 10ml를 넣는다.
2 망고 주스* 10ml를 넣는다.
3 리스트레토 1샷을 층이 나도록 조심스럽게 붓는다.
4 자몽 크림* 5ml를 올리고 자몽필을 토핑해 마무리한다.

자몽 시럽* 10ml, 망고 주스* 10ml, 자몽 크림* 5ml, 자몽필 약간, 리스트레토 1샷

● **자몽 시럽**
자몽즙 100g과 설탕 100g을 1:1 비율로 섞은 후 하루 냉장 숙성시키고, 쓸 때는 정제된 윗부분만 사용한다.

● **망고 주스**
망고 100g, 설탕 10g, 망고 주스 20g을 믹서기에 넣고 간 후 고운 체에 거른 다음 두 시간 냉장 숙성시킨다.

● **자몽 크림**
생크림 50g과 자몽 시럽 15g을 섞는다.

TIP
- 자몽 크림을 만들 때는 너무 되지 않게 주의해야 한다.
- 칵테일을 보듯 층이 확실하게 나눠져야 한다.
- 샷 잔에 얼음을 담은 채로 추출하면 리스트레토가 식는다. 얼음째 그대로 음료에 넣으면 아이스 메뉴로 응용할 수 있다.

Harmony
김수정

Recipe 3

기발한 상상으로 모두를 놀라게 만들고 싶었던 창작메뉴. 맨처음 시도한 재료는 생강, 인삼, 다시마였지만 내 예상과 너무나 거리가 멀었다. 그래서 새로운 도전은 잠시 미뤄두고 튀는 재료보다 전체적인 밸런스에 초점을 맞췄다. 그렇게 달콤 쌉쌀하면서도 오렌지와 에스프레소가 상큼한 조화를 이루는 기분 좋은 '하모니'가 찾아왔다.

1 오렌지를 얇게 슬라이스 한 후 4등분한다.

2 강판에 간 오렌지필 2g과 꿀 50g을 섞은 후 체에 걸러내 소스를 만든다.

3 스퀴저로 오렌지즙 12g을 짠다.

오렌지 슬라이스 1조각, 오렌지즙 12g, 오렌지필 2g, 꿀 58g, 휘핑크림 9g, 우유 50g, 에스프레소 1샷

TIP
- 오렌지 껍질의 흰 부분은 쓴맛이 나므로 깊게 갈면 안 된다.
- 오렌지즙과 레몬즙을 함께 사용하면 더 상큼하다.
- 그대로 마시면 상큼한 오렌지향, 부드러운 우유거품, 커피의 담백함을 차례로 맛볼 수 있으며 충분히 저은 후 마시면 균형 잡힌 맛을 느낄 수 있다.

4 준비한 잔에 오렌지즙 12g, 휘핑크림 9g, 꿀 8g을 넣는다.

5 에스프레소 1샷과 스티밍한 우유 50g을 넣는다.

6 우유거품을 얹고 슬라이스한 오렌지와 소스를 토핑해 마무리한다.

Giallo Sole

김윤섭

Recipe 04

황금빛 태양이라는 뜻의 '지알로 쏠레'는 노을을 연상시키는 창작메뉴다. 테스트를 거듭하며 알게 된 일리 에스프레소의 상큼한 아로마와 크리미한 바디감은 오렌지, 자몽과 잘 어울렸고, 층층이 그라데이션을 이루는 베이스 시럽은 오랜 시간과 끈질긴 노력 끝에 탄생했다. 시나몬과 소금을 더해 청량감과 달콤함을 살리고, 정성스럽게 만든 시럽을 올리자 푸딩을 먹는 듯 부드러운 '지알로 쏠레'가 되었다.

자몽즙 100g, 오렌지즙 50g, 자몽필 4조각, 오렌지필 약간, 파키스탄 에메랄드 소금 3g, 시나몬 스틱 3g, 생크림 80g, 설탕 50g, 에스프레소 1샷

TIP

- 갈색 설탕이나 흑설탕을 사용하면 베이스 시럽이 탁해질 수 있으므로 백설탕을 사용한다.
- 베이스 시럽을 만들 때 너무 높은 온도에서 졸이거나, 잘 저어주지 않으면 맛이 이상해지고 농도가 짙어지므로 주의한다.
- 자몽과 오렌지를 얼음물에 잠시 담가두면 껍질 아래 흰 부분을 쉽게 떼어낼 수 있다.
- 바닐라 아이스크림에 베이스 시럽을 곁들이면 아포가토처럼 응용할 수 있다.

1 냄비에 자몽즙 100g, 오렌지즙 50g, 자몽필 4조각, 오렌지필 약간, 시나몬 스틱 3g, 설탕 50g을 넣고 10~15분간 끓여 베이스 시럽을 만든다.

2 체로 시나몬 스틱과 자몽필을 걸러낸 후 저온에서 하루 숙성시킨다.

3 볼에 생크림 80g, 파키스탄 에메랄드 소금 3g을 넣고 잘 섞는다.

4 준비한 잔에 숙성된 베이스 시럽 15g을 넣는다.

5 에스프레소 1샷을 넣는다.

6 ③을 15g 올리고 오렌지필을 토핑해 마무리한다.

Caffè Arcovaleno

까리꿍

Recipe 05

무지개 특유의 반가움과 행복을 담은 커피, '카페 아르코발레노'는 이탈리아어로 무지개를 뜻하는 'Arcovaleno'를 따 지은 이름이다. 재료로는 향긋한 자몽을 택했고 한 모금 한 모금 다양한 맛이 느껴지게 했다. 입안 가득 포근하고 달콤한 바닐라 크림과 자몽의 만남이 무지개를 발견했을 때의 여운처럼 가슴 속 깊이 색색으로 물든다.

자몽즙 20ml, 자몽 주스 10g, 자몽필 4g, 바닐라빈 0.5g, 케인슈가 14g, 생크림 20g, 설탕 2g, 에스프레소 1샷

TIP
크게 한 모금씩 세 번에 나누어 끝까지 마셔야 음료의 특성을 잘 느낄 수 있다.

1 냄비에 자몽즙 20ml, 자몽 주스 10g, 자몽필 2g, 케인슈가 10g을 넣고 끓여 자몽 베이스를 만든다.

2 셰이커에 바닐라빈 0.5g, 케인슈가 4g, 생크림 20g을 넣고 흔들어 바닐라 크림을 만든다.

3 자몽필 2g과 설탕 2g을 섞어 자몽설탕을 만든다.

4 준비한 잔 가장자리에 자몽즙과 자몽설탕을 살짝 묻힌다.

5 자몽 베이스 25ml, 에스프레소 1샷, 바닐라 크림 15ml를 차례로 넣는다.

Recipe 6

시트러스 홈메이드 담금주

레몬과 오렌지 생과나무

이 세 나

그 자체로는 쓴 에스프레소도 잘 익은 오렌지와 라임, 그리고 유기농 허브티와 조화를 이루면 한 편의 세레나데처럼 달콤한 사랑의 커피가 된다. 특유의 풋풋함과 싱싱함은 에스프레소의 단맛과 신맛을 더욱 돋보이게 하며 곧 사랑에 빠질 것 같은 느낌을 준다. 입술에 댄 순간 느껴지는 차갑지만 기분 좋은 라임 크림, 은은한 아로마와 부드러운 목넘김도 긴 여운으로 남는다.

1 준비한 잔에 오렌지 허브믹스 시럽* 10ml를 넣는다.

2 에스프레소 1샷을 넣는다.

3 라임 크림* 5ml를 올리고 라임 에센스를 약간 얹어 마무리한다.

오렌지 허브믹스 시럽* 10ml, 라임 크림* 5ml, 라임 에센스 약간, 에스프레소 1샷

● **오렌지 허브믹스 시럽**
냄비에 오렌지즙 80g, 설탕 40g, 오렌지필 5g, **유기농 허브믹스** 10g을 넣고 끓인 후 차갑게 식히고 이틀간 냉장 숙성시킨다.

● **라임 크림**
생크림 50g, 라임즙 30g을 거품기로 부드럽게 섞는다.

유기농 허브믹스
유기농 카모마일, 유기농 히비스커스, 유기농 민트, 유기농 로즈힙, 유기농 레몬그라스

02

Oriental

Recipe 01

카레 보늬밤 栗甘露煮

이조영

KBC 챔피언이 대한민국 대표 바리스타라면 창작메뉴 역시 전통적이어야 하지 않을까. 그렇게 선택한 대추는 차가운 성질의 커피와 다르게 어떤 재료와도 조화가 잘 이루어지고 몸을 따뜻하게 감싸주는 특징이 있었다. 대추는 커피와 만나 오히려 뜻밖의 모카향을 만들어내기도 했다. 대추진액은 유명한 대추차 전문점을 직접 다니며 구했다. 향기로움이 코끝에 머물며 한 모금에도 금방 새 기운이 솟는 대추커피, '카페 보음'이다.

대추진액* 30g, 다진 대추 30g, 분쇄 원두 10g, 휘핑크림 50ml, 물 200ml, 에스프레소 1샷

● **대추진액**
냄비에 대추, 물, 흑설탕을 1:1:2 비율로 넣고 대추가 물러질 때까지 익혀 진액을 만든다.

TIP
크림과 음료를 부드럽게 섞은 후 마신다.

1 준비한 잔에 대추진액 30g을 넣는다.

2 에스프레소 1샷을 넣는다.

3 뜨거운 물 200ml에 다진 대추 30g을 우린 후 분쇄 원두 10g으로 커피 100ml를 내린다.

4 ③에서 만든 대추 브루드 커피 200ml를 넣는다.

5 휘핑크림 50ml를 올려 마무리한다.

Recipe 2

누룽지 엿국물
김정희

어머니의 손맛처럼 담백한 누룽지가 어린 시절부터 참 좋았다. 그래서인지 창작메뉴를 고민하던 당시에 누룽지를 다시 보게 됐다. 그때부터 누룽지를 튀기고 끓이고 볶기를 반복해 집 안에 늘 고소한 냄새가 가득했다. 사소한 차이에도 맛과 향이 쉽게 변하기 때문에 질릴 법도 했지만 가장 좋아하는 두 가지, 커피와 누룽지의 만남이라 매번 설레었다. 나를 한 번 더 깨워준 햇살 같은 커피, '누룽지 햇살'이다.

누룽지 50g, 피칸 시럽* 40ml, 누룽지 가루 약간, 우유 25ml, 얼음 4~5개, 물 500ml, 에스프레소 1샷

● **피칸 시럽**
피칸, 갈색 설탕, 휘핑크림을 1:1.5:1.5 비율로 섞는다.

TIP
구수하게 퍼지는 누룽지향을 먼저 느끼고, 우유거품과 음료가 잘 섞이도록 충분히 저은 후 마신다.

1 누룽지 50g을 물 500ml와 함께 끓인 후 체에 걸러 누룽지와 숭늉으로 분리한다.

2 곱게 빻은 누룽지 가루를 살짝 볶는다.

3 블렌더에 ①에서 걸러둔 부드러운 누룽지 60g, 숭늉 25ml, 피칸 시럽 40ml, 우유 25ml, 얼음 4~5개, 에스프레소 1샷을 넣고 갈아준다.

4 준비한 잔에 ③을 모두 담는다.

5 거품기로 만든 우유거품을 얹는다.

6 ②에서 볶아둔 누룽지 가루를 토핑해 마무리한다.

Soy A Cappella

이재원

Recipe 03

'카페오레'는 진한 커피를 즐기는 환자들을 걱정한 어느 의사의 배려에서 시작됐다고 한다. 'A Cappella'는 이탈리아어로 '커피와 함께'라는 뜻이다. 이처럼 사람들이 커피와 함께 행복해지길 바라며 창작메뉴를 준비했다. 두유를 사용한 것도 매장에서 함께 근무하는 이모님께 좀 더 맛있고 건강한 커피를 드리고 싶은 마음에서 였다. 단 한 분의 고객에게라도 진한 감동으로 기억되는 진심 어린 바리스타이고 싶다.

천연 마카다미아 시럽 10ml, 두유 80ml,
시나몬 설탕 약간, 시나몬 스틱 1개,
얼음 3개, 에스프레소 1샷

TIP

- 두유거품은 스티밍하지 않고 거품기를 사용해야 더 풍부해진다.
- 천연 마카다미아 시럽을 다른 시럽으로 대체하면 색다르게 즐길 수 있다.
- 시나몬 스틱으로 15~20회 이상 잘 저은 후 잔에 묻은 시나몬 설탕과 함께 마신다.

1 준비한 잔의 윗부분에 천연 마카다미아 시럽과 시나몬 설탕을 살짝 묻힌다.

2 거품기로 두유거품을 만든다.

3 ①에 얼음 3개와 천연 마카다미아 시럽 10ml를 넣는다.

4 에스프레소 1샷을 층이 나도록 조심스럽게 붓는다.

5 두유 80ml를 넣고 두유 거품을 얹는다.

6 시나몬 스틱을 꽂아 마무리한다.

Fall in Love

양종섭

Recipe 04

'폴 인 러브'는 커피와 가을, 로맨스가 왠지 잘 어울릴 것 같다는 생각에서 시작됐다. 가을과 사랑에 빠질 듯한 창작메뉴를 꿈꾸며 밤을 베이스로 한 부드럽고 고소한 마론 크림을 만들고, 사과 시럽과 시나몬 스틱으로 상큼함을 더했다. 커피 한 잔으로 온전한 가을을 느낄 수 있는 '폴 인 러브'. 사랑하는 사람들과 함께 행복한 커피를 즐기길 바란다.

밤 스프레드 5g, 사과 시럽 3ml,
시나몬 스틱 1개, 휘핑크림 5ml, 에스프레소 1샷

밤 스프레드

삶은 밤, 물, 흑설탕을 1:1:1.5 비율로 믹서기에 간 후 약불에서 졸이고 올리고당 15ml, 시나몬 가루 3g을 더한다. 약간 되직해지도록 하루 냉장 보관한다.

TIP

- 모든 재료들이 잘 섞이도록 시나몬 스틱으로 10회 이상 저은 후 마신다.
- 밤 스프레드를 만들 때 밤을 덜 갈면 씹는 맛이 살아나고, 곱게 갈면 더 부드러워진다.

1. 볼에 밤 스프레드 5g, 휘핑크림 5ml를 넣고 섞어 마론 크림을 만든다.

2. 준비한 잔에 사과 시럽 3ml를 넣는다.

3. 에스프레소 1샷을 층이 나도록 조심스럽게 붓는다.

4. 마론 크림 15ml를 올린다.

5. 시나몬 스틱을 꽂아 마무리한다.

Recipe 05

김수연

세 가지 얼 굴

작년 여름 창작메뉴로 한창 고민하던 때 휴가 차 부모님댁을 찾았다. 어머니로부터 집 근처에 꽃차를 만드는 곳이 있다는 이야기를 듣고 찾아가보니 평범한 찻집이 아니라 바로 '한국덖음꽃차연구원'이었다. 그곳에서 우연한 인연으로 만난 구절초. 아직은 낯선 꽃차와 커피의 만남이지만 그 은은한 향기가 '세 가지 행복'을 계기로 이어졌으면 한다.

1. 준비한 잔에 구절초 덖음꽃차 시럽* 10ml를 넣는다.

2. 우유 30ml를 스티밍하고 우유거품을 적당히 만든다.

3. ①에 스티밍한 우유를 넣는다.

4. 에스프레소 1샷을 넣는다.

구절초 덖음꽃차 시럽* 10ml, 우유 30ml, 에스프레소 1샷

구절초 덖음꽃차 시럽
구절초 덖음꽃차 1송이 당 물 20ml 비율로 진하게 우린 후 설탕과 1:1 비율로 섞고 실온에서 1~2일 정도 숙성시킨다.

TIP
- 에스프레소와 시럽이 잘 섞이도록 충분히 저은 후 마신다.
- 구절초 덖음꽃차 대신 다른 꽃차를 활용해도 좋다.

쌍화탕 커피 菊花·桑茶·藥咖啡

홍수진

Recipe 06

본선을 앞두고 창작메뉴에 대한 부담감이 커져 가던 때, 본부장님께서 국화의 효능에 대한 이야기를 들려주셨다. 하지만 보기에는 아름답고 향기로운 국화도 뜨거운 물에 닿자 독한 냄새와 쓰디쓴 맛을 낼 뿐이었다. 그러던 중 달짝지근한 끝맛의 수국차와 감초를 알게 됐고 왠지 국화와 잘 어울릴 것 같았다. 그렇게 탄생한 '심안감국가배'는 겨울철 움츠러든 심신을 달달하고 건강하게 깨워줄 마음 편안한 국화커피다.

감초 0.3g, 수국차 0.4g, 국화 2송이,
물 600~700ml, 에스프레소 1샷

TIP
- 티포트와 잔은 반드시 뜨거운 물로 예열한 후 사용한다.
- 수국차는 3분 정도 우려야 단맛이 적당하다.
- 국화를 잘 저어 향이 우러나게 하되 너무 강해지기 전에 건져낸다.

1. 티포트에 뜨거운 물 600~700ml를 넣고 감초 0.3g, 수국차 0.4g을 3분 이상 우린다.

2. 준비한 잔에 우려낸 차 150ml를 담는다.

3. 국화 2송이를 띄운 후 국화꽃이 퍼지도록 저어준다.

4. 에스프레소 1샷을 넣는다.

03

Romantic

Fall in Love
걸린미

Recipe 01

커피는 참 어렵다. 헤어 나올 수 없을 만큼 매력적이지만 좀처럼 내 맘 같지가 않다. 유난히 홀로서길 좋아하고 참 까다로운 커피. 창작메뉴를 준비하는 것 역시 마치 연애라도 하듯 밀고 당기기의 연속이었다. 제풀에 지칠 때가 많았지만 정해진 틀에서 벗어나 다채로운 커피를 표현하는 재미에 푹 빠지곤 했다. 대회가 끝난 지금 난 커피와 또 한 번 사랑에 빠졌다.

블루베리 2알, 레드커런트 2알, 페퍼민트 잎차 3g, 탄산수 40ml, 꿀 10g, 얼음 5개, 에스프레소 1샷

TIP
스푼으로 위아래를 충분히 저은 후 마셔야 은은하게 올라오는 민트향을 먼저 맡고, 달콤 쌉싸름한 음료를 더 맛있게 즐길 수 있다.

1. 페퍼민트 잎차 3g에 탄산수 40ml를 넣고 약 4~5분 정도 우린다.

2. 볼에 꿀 10g, 블루베리 2알, 레드커런트 2알을 넣는다.

3. ①에서 우려낸 페퍼민트 티 40ml를 넣고 잘 섞이도록 저어준다.

4. 준비한 잔에 S자형 스푼을 꽂고, 얼음 5개를 넣는다.

5. ③에서 만든 시럽을 잔의 8부 정도 넣는다.

6. 에스프레소 1샷을 넣는다.

Recipe 02

Espresso Holic 엉望인

겨울이 다가오던 어느 날 유기농 진저티를 마셔볼 기회가 생겼다. 일반적인 생강차라고 생각했지만 뜻밖의 풍부한 바디감과 향긋함이 나를 감쌌고, 진저티와 커피의 만남을 상상하기 시작했다. 대회가 끝난 지금까지도 창작메뉴를 처음 맛보던 그때 그 향기를 지울 수가 없다. 추운 날씨 따뜻한 커피 한 잔에 취해 몸과 마음을 달래고 싶다면 '에스프레소 홀릭'은 어떨까.

진저 마이티립 티백 1개, 아카시아 꿀 40ml, 물 75ml, 에스프레소 1샷

TIP
- 베이스 시럽을 실온에서 하루 정도 숙성시키면 향기가 더 진해진다.
- 스푼으로 충분히 저은 후 두 번에 나눠 마셔야 커피와 베이스 시럽의 조화를 제대로 느낄 수 있다.

1. 냄비에 아카시아 꿀 25ml와 물 75ml를 1:3 비율로 넣고 중불에서 약 1분 30초 정도 끓인다.

2. ①에 진저 마이티립 티백을 약 4분 정도 우려 베이스 시럽을 만든다.

3. 베이스 시럽 8ml와 에스프레소 1샷을 섞는다.

4. 준비한 잔에 아카시아 꿀 15ml를 넣는다.

5. ③을 층이 나도록 조심스럽게 붓는다.

Recipe 03

Almond Madre

고혜정

우연히 구운 아몬드를 먹던 중 입안 가득 퍼지는 고소함에 기분이 좋아지고 복잡했던 머릿속이 맑아지는 느낌을 받은 적이 있다. 그 기억을 떠올려 '아몬드 마드레'를 완성했다. 'Madre'는 이탈리아어로 어머니를 뜻한다. 크기가 제각각인 구운 아몬드를 핸드밀로 가는 일은 세심한 정성이 필요한 작업이었고, 자연스럽게 어머니가 떠올랐다. 그리고 그 감동을 향기로, 눈으로, 맛으로, 마실 때의 느낌으로 표현했다.

구운 아몬드 약간, 아몬드 시럽 14ml, 화이트 초콜릿 소스 5ml, 우유 50ml, 얼음 5개, 에스프레소 1샷

TIP
머들러로 10번 이상 충분히 저은 후 마셔야 조화로운 맛이 난다.

1. 구운 아몬드를 핸드밀에 갈아 토핑용으로 준비한다.

2. 볼에 아몬드 시럽 14ml와 화이트 초콜릿 소스 5ml를 넣고 잘 섞는다.

3. 거품기로 우유거품을 만든다.

4. 준비한 잔에 얼음 5개를 담고 우유 50ml를 넣는다.

5. ②와 에스프레소 1샷을 넣는다.

6. 우유거품을 올리고 구운 아몬드를 토핑해 마무리한다.

Recipe 04

Caffè Present 손동희

'카페 프레젠트'는 KBC가 내게 남긴 선물이다. 바리스타 대회는 겨우 두 번째 출전이고 창작메뉴를 만들기는 처음이라 부담감이 말도 못하게 컸다. 머릿속에만 머물던 아이디어를 실제로 만들어내는 건 생각보다 까다로웠고, 특히 맛의 밸런스를 찾기가 어려웠다. 하지만 매장 식구들의 도움을 얻어 우여곡절 끝에 자몽을 찾았고, 그렇게 며칠을 쉼 없이 달려 상큼한 자몽과 은은한 민트가 조화로운 '카페 프레젠트'를 완성했다.

민트잎 또는 페퍼민트 티 약간, 자몽 1/2개, 자몽 시럽* 20ml, 설탕 시럽 25ml, 얼음 6개, 에스프레소 2샷

자몽 시럽
자몽즙과 설탕을 2:1 비율로 섞은 후 약한 불에서 설탕이 다 녹을 때까지 끓이고 3일간 냉장 숙성시킨다.

TIP
- 민트 시럽은 따로 담아 서빙하고 마시기 직전에 넣어야 민트향을 더 느낄 수 있다.
- 자몽이 없을 때는 오렌지, 귤, 열대과일을 응용해도 좋다.

1. 민트잎 또는 페퍼민트 티를 설탕 시럽 25ml와 1:1 비율로 섞어 민트 시럽을 만든다.

2. 자몽 1/2개를 스퀴저로 짠 후 자몽 시럽 20ml와 잘 섞는다.

3. 셰이커에 얼음 5개와 에스프레소 2샷을 넣고 흔든다.

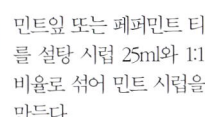

4. 준비한 잔에 얼음 1개를 담고 ②를 절반 정도 넣는다.

5. ③에서 급냉한 에스프레소를 잔의 8부까지 넣는다.

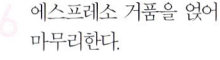

6. 에스프레소 거품을 얹어 마무리한다.

Recipe 05

La Vie en Rose

송인돌

트레이너 Cha가 들려준 에디트 피아프의 'La Vie en Rose'에서 영감을 받아 창작메뉴의 모든 걸 결정했다. 올해로 바리스타 6년차. 기다리던 KBC 무대에 서게 된 난 '라비앙 로즈' 한 잔에 바리스타로서 보낸 내 짧은 인생을 담았다. 첫 모금의 달콤함에는 커피와의 첫 만남이, 두 번째 모금의 씁쓸함에는 불투명한 미래를 고민하던 내 모습이, 그리고 세 번째 모금의 상큼함에는 꿈을 이뤄낸 지금 이 기쁨이 녹아있다. 곧 펼쳐질 화려한 미래는 애프터 테이스트의 장미향으로 표현했다.

리치 시럽* 20ml, 장미 추출액 1ml, 로즈 크림* 10ml, 슈가파우더 약간, 에스프레소 1샷

리치 시럽
리치 퓨레와 리치 과육을 2:1 비율로 섞은 후 하루 냉장 숙성시킨다.

로즈 크림
셰이커에 생크림, 장미 추출액, 설탕 시럽을 10:0.5:1.5 비율로 넣은 후 흔들어 섞는다.

TIP
- 로즈 크림을 만들 때는 셰이커를 20초 정도만 흔든다.
- 세 번에 나누어 끝까지 마셔야 로즈 크림의 단맛, 에스프레소의 쓴맛, 리치 시럽의 신맛, 마지막으로 장미향까지 차례로 느낄 수 있다.
- 리치 시럽을 다른 시럽으로 대체하면 색다르게 즐길 수 있다.

1. 준비한 잔에 70℃로 끓인 리치 시럽 20ml를 넣는다.

2. 장미 추출액 1ml를 넣는다.

3. 에스프레소 1샷을 층이 나도록 조심스럽게 붓는다.

4. 로즈 크림 10ml를 올린다.

5. 슈가파우더를 뿌린다.

6. 휴대용 토치로 슈가파우더를 살짝 녹인다.

Cherry Blossom
앵수연

Recipe 06

새콤달콤한 창작메뉴를 만들어보고 싶었지만 새롭고 신선한 재료를 찾기란 쉽지 않았다. 그러다 우연히 맛보게 된 크랜베리. 커피 체리와 닮은 모습이 마음에 쏙 들었다. 하지만 껍질과 씨가 너무 많아 결국에는 즙을 낸 후 사용하기로 결정, 여기에 유기농 설탕을 더해 신맛을 조절하고 단맛을 살렸다. 크랜베리 시럽과 에스프레소 이외에 부족한 2%는 풍부한 크림으로 부드럽게 채웠다. 그렇게 커피와 커피 체리가 만난 듯 사랑스러운 '체리 블라썸'이 꽃을 피웠다.

냉동 크랜베리 30g, 유기농 설탕 시럽* 20ml, 휘핑크림 20ml, 얼음 4~5개, 에스프레소 1샷

유기농 설탕 시럽
유기농 설탕과 물을 1:1 비율로 섞어 살짝 끓여준다.

TIP
- 냉동 크랜베리는 해동이 잘 된 상태로 사용해야 즙이 걸쭉해지지 않는다.
- 크랜베리 시럽, 크랜베리 크림, 에스프레소가 잘 섞이도록 충분히 저은 후 마신다.
- 크랜베리즙을 이용해 에이드나 모히또를 만들어 마셔도 좋다.

1. 냉동 크랜베리 30g을 원액기에 넣고 즙을 낸다.

2. 크랜베리즙 10ml와 유기농 설탕 시럽 20ml를 섞어 크랜베리 시럽을 만든다.

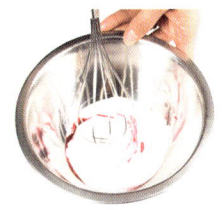

3. 볼에 크랜베리 시럽 10ml, 휘핑크림 20ml를 넣고 섞어 크랜베리 크림을 만든다.

4. 준비한 잔에 크랜베리 시럽 20ml를 넣는다.

5. 얼음 4~5개와 크랜베리 크림 30ml를 넣는다.

6. 에스프레소 1샷을 넣는다.

04

Kiwi et Café

고광민

Recipe 01

평소에 과일을 즐겨 먹어서인지 언제부턴가 커피와 과일을 함께 마시고 싶었다. 그 중에서도 키위는 씨가 톡톡 씹히는 식감이 재밌고, 맛도 새콤달콤해서 피로가 저절로 풀리는 매력적인 과일이라고 생각했다. 주변에서는 키위와 커피가 안 어울린다며 말리기도 했지만 일리 에스프레소가 품고 있는 과일향과 키위가 제법 잘 어울릴 거라는 확신이 있었다. 새로운 메뉴를 만들 때면 언제나 창작의 고통에 시달리지만 완성될 때만큼은 더없는 행복을 느낀다. 다음에는 또 어떤 커피가 탄생할지 벌써부터 기대된다.

골드키위 25g, 그린키위 25g, 탄산수 15ml, 캔슈거 시럽 15ml, 얼음 8~9개, 에스프레소 1샷

TIP
- 탄산수 대신 물을 사용해도 된다.
- 키위는 구매 후 3일이 지나면 당도가 더 높아진다. 하지만 너무 오래 둘 경우 물러질 수 있으니 숙성도를 잘 파악해야 한다.
- 키위를 갈 때는 키위씨가 갈리지 않도록 블렌딩 정도를 약하게 조절한다.
- 머들러로 잘 섞어 그대로 마신다.

1 블렌더에 얼음 3~4개, 탄산수 15ml, 캔슈거 시럽 15ml를 넣고 갈아준다.

2 골드키위 25g, 그린키위 25g을 넣고 다시 한 번 갈아준다.

3 셰이커에 얼음 4~5개와 에스프레소 1샷을 넣고 흔든다.

4 준비한 잔에 ②를 모두 담는다.

5 ③에서 급냉한 에스프레소를 넣는다.

Soda Bluepresso

조식진

Recipe 02

막걸리를 싫어하는 사람들도 생과일을 섞은 칵테일 막걸리는 잘 마시는 모습을 보고 커피가 떠올랐다. 커피를 좋아하지 않아도 부담 없이 즐길 수 있는 커피메뉴를 만들면 어떨까. 커피를 빼고는 설명할 수 없는 우리의 일상이 맛있는 '소다 블루프레소'로 조금이나마 활기차지길 바란다.

1 볼에 블루베리 원액 25ml, 물 25ml, 에스프레소 2샷을 넣는다.

2 ①을 소다 사이펀에 넣고 흔들어 섞는다.

3 준비한 잔에 얼음 4개를 넣는다.

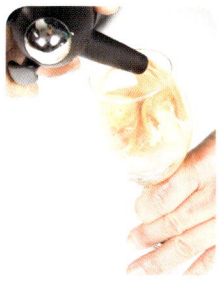

4 첫 음료를 약간 뽑아낸 후 잔 옆면에 대고 따른다.

블루베리 원액 25ml, 얼음 4개, 물 25ml, 에스프레소 2샷

TIP
- 첫 음료는 가스가 많아서 잔에 따를 때 튈 수 있으니 조심해야 한다.
- 다른 재료를 활용해도 되지만 씨가 든 과일은 소다 사이펀 노즐이 막힐 수 있으니 주의한다.
- 1분 정도 시간이 지나면 층이 생기는데, 이때 스트로우를 이용해 마시면 더 깊은 여운을 느낄 수 있다.

Recipe 3

나는 유자다

윤지민

KBC는 잊지 못할 추억이다. 지금에서야 웃으며 기억을 떠올려 보지만 그때만 하더라도 모든 게 다 처음이라 뜻대로 되지 않을 때가 더 많았다. 그럴 때마다 함께 준비했던 동료 바리스타들의 격려와 응원이 큰 힘이 됐다. 아직은 시작 단계지만 '나는 유자다'란 이름처럼 고객에게 풋풋하고 상큼하게 다가가는 즐거운 바리스타이고 싶다.

유자필 5g, 꿀 5g, 다크 발로나 초콜릿 5g, 메이플 시럽 5g, 우유 30ml, 에스프레소 1샷

TIP
초콜릿 소스 대신 잘 녹지 않는 다크 발로나 초콜릿(카카오 함량 70%)을 사용하기 때문에 충분히 저은 후 바로 마셔야 한다.

1 유자필 5g을 다진 후 꿀 5g과 1:1 비율로 섞어 3일간 냉장 숙성시킨다.

2 숙성된 유자꿀 10g, 중탕한 다크 발로나 초콜릿 5g, 메이플 시럽 5g을 넣고 잘 저어준다.

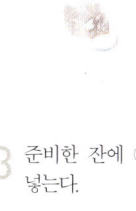

3 준비한 잔에 ②를 모두 넣는다.

4 에스프레소 1샷을 넣는다.

5 50℃로 스티밍한 우유 30ml를 넣는다.

6 유자필을 토핑해 마무리 한다.

Caramel of Caramel

캐러멜 농축

Recipe 04

일리 에스프레소를 온전히 알기까지 추출은 계속됐다. 절친한 지인으로부터 부드럽고 달콤한 맛을 더 강렬하게 표현하면 좋겠다는 조언을 들었고, 캐러멜 소스가 떠올랐다. 악상이 떠오른 작곡가가 순식간에 곡 하나를 써내려가듯 하룻밤 만에 창작메뉴 '캐러멜 오브 캐러멜'을 완성했다. 첫 모금에는 에스프레소와 토핑 크림의 섬세한 과일향과 너티함이, 두 번째 모금에는 입안 가득 에스프레소와 캐러멜이 조화를 이룬다.

1 냄비에 물 2g과 설탕 12g을 넣고 캐러멜화 될 때까지 끓인다.

2 ①에 생크림 12g과 바닐라빈 1/4개를 넣고 저어준다.

3 ②를 체에 걸러내 캐러멜 소스를 만든다.

4 준비한 잔에 캐러멜 소스 8g을 넣는다.

5 에스프레소 1샷을 넣는다.

6 토핑 크림 10ml를 올려 마무리한다.

바닐라빈 1/4개, 토핑 크림● 10ml, 생크림 12g, 설탕 12g, 물 2g, 에스프레소 1샷

● **토핑 크림**
생크림 20g에 후르츠가든 찻잎 1g을 넣고 하루 숙성시킨다.

TIP
- 캐러멜 소스를 만들 때 생크림을 두 번에 나눠서 넣는다. 처음에는 조금만 붓다가 두 번째에 남은 생크림을 전부 부어준다. 생크림을 넣자마자 잘 저어야 캐러멜 소스가 쉽게 안 굳는다.
- 토핑 크림을 만들 때 다른 찻잎을 활용해도 좋다.

Full Espresso

밀공 배

Recipe 05

새로운 도전은 늘 어렵지만 모든 길은 기본, 바로 에스프레소로 통한다. 창작메뉴 역시 마찬가지다. 커피의 기본인 에스프레소를 바탕으로 나만의 철학을 한 잔에 담아내고자 했다. 또 고객들이 에스프레소에 대해 단순히 쓰다는 편견을 버리고 편하게 다가가길 바랐다. 훌륭한 에스프레소의 조건인 아로마와 바디감, 스윗함이 한 모금에 완벽히 밸런스를 이루는, 그 자체만으로 충분한 'Full Espresso'다.

생크림 20ml, 설탕 15g, 얼음 2개, 물 40ml, 에스프레소 3샷

TIP
- 두 모금에 나눠 마시는데 첫 모금에서 에스프레소와 생크림의 조화를, 두 번째 모금에서 강하게 밀려오는 달콤한 시럽을 느낀다.
- 에스프레소 크림을 만들 때 너트, 과일 등 다양한 재료를 섞으면 색다른 맛을 즐길 수 있다.

1. 냄비에 물 40ml, 설탕 15g, 에스프레소 1샷을 넣고 끓여 에스프레소 시럽을 만든다.

2. 셰이커에 에스프레소 시럽 10ml, 생크림 20ml, 얼음 2개, 에스프레소 1샷을 넣고 흔들어 에스프레소 크림을 만든다.

3. 준비한 잔에 에스프레소 시럽 10ml를 넣는다.

4. 에스프레소 1샷을 넣는다.

5. 에스프레소 크림 10ml를 올려 마무리한다.

Espresso Plus

상콤한

Recipe 6

이미 완전한 에스프레소에 더 이상 화려한 장식은 필요없다는 생각이 들었다. 그래서 '에스프레소 플러스'의 레시피는 매우 간단하다. 에스프레소를 빛내줄 레몬과 블렌딩 슈거를 차례로 올렸을 뿐이다. 하지만 에스프레소의 풍성한 향미와 레몬의 상큼함, 그리고 블렌딩 슈거의 달콤함은 입안 가득 짜릿한 조화를 이루며 가장 손쉽게 즐길 수 있는 최고의 커피가 되었다.

커피 설탕 2g, 유기농 설탕 2g, 백설탕 2g, 갈색 설탕 2g, 레몬 1개, 에스프레소 1샷

TIP
레몬과 설탕을 한 입에 다 먹은 후 에스프레소를 마신다.

1 네 종류의 설탕을 1:1:1:1 비율로 섞는다.

2 레몬은 씨를 제거한 후 2~3mm 정도로 얇게 슬라이스 한다.

3 준비한 잔에 에스프레소 1샷을 넣는다.

4 슬라이스 한 레몬을 올린다.

5 ①을 약간 얹어 마무리 한다.

Profile

이샤나
BRグロシア

2011 제19회 한국바리스타챔피언십 챔피언
2009 제17회 한국바리스타챔피언십 4위
2007 제1회 Ultimate Barista Challenge in KOREA 챔피언
(Latte Art, Espresso Frappe)
2007 Ultimate Barista Challenge in CHINA 챔피언 (Espresso Frappe)
2006 제2회 Latte Art Festival 3위

2위 이나래 BRグロシア

3위 임수정 제주동네카페필리니

4위 홍인호(주)파리크라상

5위 김정훈 파스쿠찌

6위 박경웅 카페 유니크

Profile

(가나다순)

 강지민 부산 커피공장

 고유리 리에스프레소 트레이닝센터

 고혜정 케냐에스프레소

 권리향 파리바게뜨

 김강희 무소속

 김선미 카페 드 유라

 김수정 무소속

 김수하 커피가 예쁘다

 방준배 무소속

 백상욱 CKCO&

 손동혁 카페 뎀셀브즈

 양홍선 서울커피바리스타학원

 이소영 SPC(주)

 이재완 케냐에스프레소

 장현욱 일리 코리아 UDC

 장혜민 코리아 커피학원

 조석진 톰스톤 커피하우스

 한수진 (주)서울레이크사이드

서울카페쇼

2002년 시작되어 우리나라 식음료 산업 발전과 커피문화의 가장 성공적인 전문전시회로 자리매김한 서울카페쇼는 이제 아시아 최대 커피 전문 전시회로 주목받고 있는 전문 전시회입니다. 비그라시 선진화된 전시장 운영과 더불어 지속적인 성장을 거듭하고 있으며, 2011년에는 6월 9일 아시아 유일의 커피로스터 경진대회인 289개 업체가 참가하여 약 5만여 명의 관람객을 맞이하였으며, 다양한 전문 세미나, 더불어 한국대표선수 선발전, 라떼아트, 컵테이스터스 등 세계적인 공인 수준 높은 바리스타대회 등을 개최하고 있습니다.

Seoul Cafe Show

Korea Barista Championship

"커피인의 축제 바리스타의 축제", 한국바리스타챔피언십은 2003년 대한민국 최초로 공식 바리스타 대회로서 기록되는 명실상부한 국내 최고 권위의 바리스타 대회입니다. 현재 KBC는 대한민국공인대회로 국내 바리스타들의 대결은 물론 기량발전 및 더 나아가 세계대회 출전까지 겸하고 있는 가장 영향력 있는 대회로 성장하고 있습니다.